말의 섶을 베다

천영애

1968년 경상북도 경산에서 태어났다.
경북대학교 철학과와 동 대학원을 졸업했다.
시집 『무간을 건너다』 『나무는 기다린다』 『나는 너무 늦게야 왔다』 『말의 섶을 베다』,
산문집 『곡란골 일기』 『사물의 무늬』 『시간의 황야를 찾아서』를 썼다.
대구문학상을 수상했다.

파란시선 0161 말의 섶을 베다

1판 1쇄 펴낸날 2025년 7월 15일
지은이 천영애
인쇄인 (주)두경 정지오
디자인 이다경
펴낸이 채상우
펴낸곳 (주)함께하는출판그룹파란
등록번호 제2015-000068호
등록일자 2015년 9월 15일
주소 (10387) 경기도 고양시 일산서구 중앙로 1455 대우시티프라자 B1 202-1호
전화 031-919-4288
팩스 031-919-4287
모바일팩스 0504-441-3439
이메일 bookparan2015@hanmail.net

ⓒ천영애, 2025, printed in Seoul, Korea

ISBN 979-11-94799-06-1 03810

값 12,000원

*이 책 내용의 전부 또는 일부를 재사용하려면 반드시 저작권자와 (주)함께하는출판그룹파란 양측의 동의를 받아야 합니다.
*잘못된 책은 바꾸어 드립니다.
*지은이와의 협의 하에 인지는 생략합니다.

말의 섶을 베다

천영애 시집

시인의 말

무성한 말의 그늘에서
풍화된 말을 생각한다
뜨겁고
얽히고
소멸하는
말들

차례

시인의 말

제1부
말의 섶을 베다 - 11
사랑, 말 없음에 대하여 - 12
스랑 거즛말이 - 14
손아귀에 담긴 일종의 구토증 - 16
약속의 서 - 18
여우도 굴이 있고 새도 둥지가 있는데 - 20
잦아들다 - 22
그대의 풍경 소리 - 24
기얄무늬 청화백자가 잠든 무덤에 - 26
오다 셔럽다라 - 28
사랑의 구조에 관하여 - 30
선재미술관의 마그리트 - 32
그리운 것 속에 묻혀 있다 - 33
셰이커 춤을 추는 날이면 우리도 뜨거워지리라 - 34
그리고 나는 가네 - 36
바람 우는 소리 - 38
사랑한다 그리하여 존재한다 - 40

제2부
초록의 목곽분에 대해 - 43
일미진중함시방(一微塵中含十方) - 44
절박한 환대 늙은 환멸 - 46
주황얼룩무늬밤나방의 치명적 통점 - 48

가만히 바라보는 것 - 50

다말이 다말 아래 앉아 있다 - 52

통점이 없는 뇌의 통증 - 54

I AM - 56

태백에서 - 58

점무늬병에 대한 변명 - 60

사막으로 가는 길 - 61

하나를 놓아 하나를 더옵기 - 62

무량공처 - 63

미간을 찡그리다 - 64

궁상각치우 - 66

고작 - 68

무제 - 70

거두절미 - 71

거처를 잃은 - 72

예언의 말, 시 - 73

제3부

섶은 자리 - 77

얼음경 - 78

비의 수작 - 80

배후습지 - 81

코발트블루의 말 - 82

최후를 견디는 법 - 84

베이다 - 85

귀래 - 86

환멸처럼 다시 - 87
사그락거리다 - 88
그만하면 - 89
우물과 동굴은 같은가 다른가—경산 코발트 광산의 기록 - 90
울음 우는 것들에게 묻는다 - 92

해설
이병국 우리가 무엇을 더 꿈꿀 수 있는가? - 94

제1부

말의 섶을 베다

  녹우당 은행나무 돌계단에 앉아 비버의 로자리오 소나타를 듣는다 해남의 바람이 비자나무를 흔들어 소리를 벤다 수백 년 돌계단이 몸으로 스며 허술했던 생을 돌이킨다 권태롭고 현기증 일던 생이 동백 열매처럼 부서진다 말들이 춥다

  낙타를 타고 사막을 달릴 때 사자가 낙타의 목을 할퀴었다 죽어야 끝나는 일이 많다 수천 년을 사는 암각화처럼 흔적을 새기는 일의 무서움을 안다 약속은 죽었어도 말은 살아 돌계단을 오른다 자꾸만 춥다 삶이 추위에 떠는 일이었고 비로소 생이 끝나는 지점을 알 것도 같다 음악은 잠긴 녹우당 문을 두드린다

  이제 생의 백기를 들어야 할 때인가 열어 둔 유튜브에서 피가로의 결혼식이 열린다 도망갈 기회를 잃어버린 사자가 무섭게 낙타의 목을 물어뜯는다 까닭 없이 마음이 상하고 울음이 고인다 유리에 벤 몸이 가렵다 유리를 들어 말의 섶을 벤다 죽음 뒤에 남을 말을 벤다

사랑, 말 없음에 대하여

一

숫양을 하느님의 신성한 동물로 지정하고
뿔로 각적을 만들어 나팔을 불며 진격하자
숫양은 그만 말을 잃어버렸다

 숫양은 달의 색을 가진 암양을 사랑하여 서로에게 깊이 스며들고 싶었는데 그 아름다운 뿔이 진격의 나팔이 될 것이라는 운명은 알지 못하였다 숫양은 너무나 슬퍼 나팔 소리가 나지 않도록 뿔을 쪼개고 애간장을 흘러내리게 하였다 애간장은 뿔에 맺히고 흘러서 고였다 뿔에서는 더 이상 소리가 나지 않았고 하느님은 진격의 나팔을 불 수 없었다

 발이 닿는 곳마다 달이 뜨는 이방인의 집에 살던 숫양은 이웃에 사는 숫양의 뿔에 자신의 뿔을 걸어 버렸다 둘은 엉킨 뿔을 풀지 못하여 그 자리에서 죽었다 비옥한 초승달의 도시는 함락되지 못하였고 성전의 예배에도 더 이상 각적 소리는 나지 않았다

 숫양은 다만 아름다운 뿔을 뽐내며 암양의 주위를 돌거나 모래바람을 일으키며 숫양과 한바탕 싸우거나 나무가 없는 초원 언덕에서 우아하게 달을 쳐다보며 살고 싶었을

二

뿐이다 숫양의 피가 제물이 되고 거리가 붉게 물들자 숫양은 그만 슬퍼서 땅을 떠나 버렸다 숫양이 남긴 각적에서는 더 이상 소리가 나지 않았다

ᄉᆞ랑 거즛말이

一

 귀환이 곤란한 곳에서 불면을 만난다 비박동성 이명이 결절 없는 소리를 밀고 들어와 불면의 미로를 더듬는다 그대가 왔으면 그대가 나의 이명을 넘어 불면의 꿈을 깨웠으면 파고가 높은 현기증이 여윈 바람을 흔든다 파열된 귀를 가진 나는 이미 세상의 소리를 듣지 못하니

 그대가 왔으면 좋은 날 짙게 놓인 그늘에 페르시안 흠집을 만든다 적소에 놓인 나는 세상으로부터 버려진 몸 페르시안 흠집은 고저한 적소에서 그내가 닿을 자리다 바람을 넘어 어지러이 헤매는 그대는 본초자오선을 건너 나에게 올 것이다 그대에게 나는 본초자오선이고 싶어 오래전에 그쪽으로 넘어진 적도 있으니 그리하여 폐허가 된 적도 있으니

 ᄉᆞ랑 거즛말이 님 날 ᄉᆞ랑 거즛말이
 ᄭᅮ메 뵌단 말이 긔 더욱 거즛말이
 날갓치 ᄌᆞᆷ 아니 오면 어늬 ᄭᅮ메 뵈리오

 사랑한다는 거짓말이 그대가 나를 사랑한다는 거짓말이 꿈에도 보인다고 한 것은 거짓이었는지 이렇게 잠이 오지

二

않고 이명이 깊은 밤에 그대 없이 적소에 있는 나의 어느

꿈에 보일런가 나는 이미 이토록 비루해졌으니 ᄉ랑 거즛
말아 백 년이 벌써 지난 듯하다

*ᄉ랑 거즛말이 ~ 어늬 꿈에 뵈리오: 김상용(1561-1637)의 시조.

손아귀에 담긴 일종의 구토증

모든 사랑은 죽음에 저항하며 살아남는 방식이다 예언에 깃들기 쉬운 말들이 수의처럼 어두운 뮤별에서 희미한 그림자로 속삭인다 나는 투명한 멜랑콜리커 자주 사랑의 충동에 휩싸여 너를 유혹하고 우리는 어긋난다 반인반마의 뼈로 만든 은하성단에 올려놓은 찻잔에서 물이 끓고 물방울 음악이 우주의 오로라를 유혹한다 너를 사랑하는 너는 너만 바라볼 뿐

보름달이 뜨면 예언을 이기지 못한 너는 $\zeta, \tau, \sigma, \varphi, \lambda, \mu$ 여섯 개의 별이 기다리는 남두육성에서 인간의 꿈을 꾼다 죽음의 자리는 멀지 않아 북두칠성의 구토가 먼 남쪽 하늘에 별로 새겨졌으니 너의 꿈도 황도십이궁만 헛되이 돌 뿐 너를 구할 자는 치명적인 멜랑콜리커 나의 사랑뿐이나 너는 사랑을 모르고 나는 적막하다

이제 생각이 난다. 지난날 내가 바닷가에서 그 조약돌을 손에
들고 있었을 때
내가 느꼈던 것이 이제 잘 생각이 난다.
그것은 시큼한 일종의
구토증이었다.

이제 생각이 난다 지난날 내가 바닷가에서 너를 안고 있었을 때 내가 느꼈던 것이 이제 잘 생각이 난다 그것은 시큼한 일종의 구토증이었다

---

*ζ, τ, σ, φ, λ, μ: 궁수자리 제타, 타우, 시그마, 피, 람다, 뮤.
*손아귀에 담긴 일종의 구토증, 이제 생각이 난다 ~ 일종의 구토증이었다: 장 폴 사르트르의 『구토』.

약속의 서

간 봄 그리매 모든 것이 울 이 시름에 젖은 너를 바라보다 오래전에 봤던 주역의 한 문장을 떠올린다 지붕에서는 정직한 음률로 빗방울이 떨어지니 사람이 떠난 폐가는 어지럽게 휘청거렸고 깊은 밤이면 궁상각치우 낮은 음률이 언저리를 맴돌다 묵언의 예언이 되어 가라앉았지 어둡고 어지러운 너는 폐가의 담을 넘어 가출을 시도했지만 꼬리만 적신 채 울어 댄다

머나먼 이방의 도시에서 머리 헝클어진 너를 그리다 마하바라타의 한 문장을 떠올린다 이방의 거리에 머리를 고인 너는 죽어서야 돌아오겠구나 허약한 이빨엔 좀이 슬었고 덜컹이는 뼈는 여기저기 흩어져 진양조 음률로 몸을 푼다 잘 자란 벌레가 덜 먹은 살을 뜯고 독수리 푸른 날개가 이방인의 머리를 물고 사라진다 너의 거처는 어디에 있는가?

다북쑥 우거진 폐가를 생각하며 요가 수트라의 한 문장을 떠올린다 기쁨과 화냄이 흐르는 계절 같은데 불안과 욕망이 너의 거처에 들었는가 어제는 네가 그리워 눈물지었고 검은 까마귀의 울부짖음을 갈아서 깊은 돋을새김으로 너의 이름을 새겼다 바람이 파도를 타고 바다를 건너 갈비

뼈가 없는 너의 흉부에서 약속의 서를 훔쳤지

  너의 약속은 어디에 있는가 한낱 까마귀 울음보다 못한 약속의 서

*간 봄 그리매 모든 것이 울 이 시름에 젖은: 「모죽지랑가」.

여우도 굴이 있고 새도 둥지가 있는데

一

자갈을 던지려고 보았어
바로 그때 모든 것이 시작되었지
이 돌이 존재한다고 느꼈고
그리고 또 다른 구토가 시작되었어

그때 시작된 사랑은 한생을 두고 언저리를 떠돌았다 묵직한 돌이 머리 위에 얹히고 비낀 걸음이 생을 횡단하는 동안 씨줄과 날줄로 교직된 사랑이 엉켜 들었다 가끔씩 얹히던 멀미가 잦아지면서 생을 휘몰아가는 동안 천천히 구토가 시작되었다 사랑은 삶이 아니라 죽음의 서막이라는 것을 알게 될 즈음에

날렵하게 물 위를 날아가는 돌이 나를 강타한 것도 그 무렵이었다 관계의 씨줄이 날줄과 엉켜 뒹굴었다 사랑의 기억이 거대한 돌로 가라앉았고 구토가 잦아졌다 바다를 흔드는 것은 바람이 아니라 그대의 사랑이었고 수천 년을 이어 온 고독이었다

二

폭풍이 불고 심드렁한 언어가 심장에 박히고 이물감에 또 구토를 한다 여우도 굴이 있고 새도 둥지가 있는데 사랑

에는 안식처가 없으니 슬퍼라 사랑이여

*여우도 굴이 있고 새도 둥지가 있는데: 도마복음.
*자갈을 던지려고 보았어 ~ 그리고 또 다른 구토가 시작되었어: 장 폴 사르트르, 『구토』.

잦아들다

一

       딛배 바회 갓희
     자바온 손 암쇼 노희시고
      나흘 안디 븟흐리샤든
     곳흘 것거 받자 보리이다

 배를 따라갔다 배는 바다에 긴 팔매선을 그리며 뒤척뒤척 앞서갔고 바닷새가 사는 절벽에는 해국이 공글리며 피어났다

 사람들이 쏠리며 다녀간 해안에는 적막이 떠돌았고 인면어 한 마리가 서쪽의 해안가에서 뒤채는 것은 보지 못했다 땅을 떠나지 못하는 새들이 파랑을 물고 내려앉고 파문은 자꾸만 뒤채건만 해국을 따 주던 그대는 어디로 갔을까

 해가 서쪽 바다로 길게 눕는 시간 갈치 수천수만이 뒤척이듯 은빛으로 물든 바다는 붉은 한숨을 일렁인다 쿨럭이는 바다 멀리 이어도가 나타날 것도 같아 은색 바다에 먼 눈을 담궜다

二

 거처할 집이 없어 돌아와야 했던 바다 비로소 너를 버릴

수 있었던 바다가 캄캄한 어둠에 잦아들고 있었다 표류하던 바다와 표류하던 배와 표류하던 사랑이 비로소 잦아들던 섬에서의 하루

*딛배 바회 갓희 ~ 곶흘 것거 받자 보리이다: 신라 향가 「헌화가」.

그대의 풍경 소리

오래전에 넘어진 적이 있다 그대의 풍경 소리에 은신처를 잃은 적이

발을 헛디딘 만어사 돌 틈에서 풍경 소리 울린다 소리가 청명하여 그리움이 짙어지니 당신 오시기에 좋은 날이다

환속의 풍경 소리 너풀거리며 당신이 올 것이다 외눈박이 사랑에는 시간이 필요하다 날개의 떨림을 멈추면서 바위틈으로 숨어드는 물고기가 즈문 눈을 반짝이며 외줄을 탄다 고요한 소리의 너울이 장엄한 꽃살문을 두드린다 협문 외문짝이 열리고 그대는 바랜 시간의 무채색 꽃비로 오시니

은목서가 하루에 두 번씩 피었고 풍경 소리도 두 번씩 피었다 당신은 꽃이 지고 풍경마저 잠든 시간에 고즈넉이 스며들었다 환대의 의식이 다리를 놓았으나 변방을 돌던 당신은 만어사에서 한 마리 돌이 되었다 당신 오시기에 좋은 날이다

하늘 강의 위쪽에는 훌륭한 다리를 놓고
아래쪽에는 배를 띄워 두어 비가 오나 바람이 부나
치마를 적시지 않고 멈추는 일 없이 오시라고 이 아름다운
다리를 놓네

*하늘 강의 위쪽에는 ~ 이 아름다운 다리를 놓네: 『만엽집』.

귀얄무늬 청화백자가 잠든 무덤에

一   바람은 흰색 천에 귀얄처럼 넓고 얇게 물을 들인다 그대
가 남긴 묵서명이 오랜 잠을 자는 동안 바람의 그림은 깊
어지니 아라가야 어느 여인의 잠도 이토록 깊은가 파르르
선익지를 스쳐 가던 바람이 더러 묵서명이 새겨진 언약의
그릇을 깨트리니 무한으로 새겨진 여인의 꿈이 흔들린다
북두칠성이 그려진 여인의 오랜 잠 곁에 남두육성이 꿈을
재촉하니 귀얄무늬는 두터운 아라가야 무덤을 뚫고 밝은
햇빛 아래 검은 꿈을 그릴 것인가

　통주저음이 비릿하게 바람을 가로지르던 날이 있었다 수
다한 탄식마저 꿈에 들던 여인의 몸이 무겁게 가라앉고 남
두육성이 잠을 깨워도 꿈만 깊어지던 날이었다 그대가 남
긴 묵서명조차 북두칠성의 잠을 깨우지 못하고 갈지자로
귀얄을 휘두르니 서역을 건너온 파사석탑이 여인의 잠을
두드릴 것인가 통주저음의 느린 음률이 여인의 꿈을 휘젓
고 나서야 비로소 햇살이 무덤을 스친다 귀얄무늬가 선명
한 분청사기가 낮고 비릿한 음률에 몸을 튼다

　모월 모시에 한 사람이 지나가고 또 한 사람이 사라졌다 화
二   사석에 새겨졌던 사랑가가 아라가야 여인의 잠을 재촉한다

사랑이 엄청 조아유 정말로 조오탕게 오매 좋은거 아이고 조아라 얼시구 조오타

오다 셔럽다라

一

  볼 수 없는 무한의 뼈 하나 덜그덕거리는 공간으로 낯설고 무한한 몸이 귀환한다 백련암 적광전이 침묵을 열어 고요를 깬다 귀환한 몸 사이로 바람이 스미고 느린 선녀벌레가 귀를 간질인다

  몽상의 시간이 다녀가고 그대의 몸이 둥글게 부풀어 오른다 거울은 깨어졌고 그곳에서 우리는 긴 장마를 기다리며 파멸의 선고를 기다린다 운명을 볼 수 없는 물방울이 가혹하게 그대의 몸 위로 스친다

  그대의 열반에 물방울을 잡고 운다 뒹굴며 잦아들 듯 길게 운다 아득한 산길 따라 진달래 꽃잎처럼 열반에 든 그대 드디어 몸으로 귀환한다 드디어 파멸한다 그리움으로 파계의 문에 들어선 그대 문득 서럽더라

  적광전에 등 기대고 앉아 오래 그대를 기다린다 초록의 가느다란 그늘이 짙어 꺼지지 않는 울음을 운다

  오다 오다 오다
二 *그대 문득 오다 셔럽다라*

*오다 오다 오다 그대 문득 오다 셔럽다라: 향가 「풍요」.

사랑의 구조에 관하여

　당신을 기다리느라 한생이 지나갔다 내 집의 모든 부드럽고 둥근 창들은 당신에게로 향해 있으니 사랑한다는 것은 결국 기다리는 것이다 당신은 때마다 달라지는 자오선의 시간을 달리고 낯선 시간의 발자국이 계단을 삐걱인다 나는 당신에게로 끝없이 회귀하고 그리하여 내 몸의 지도는 희미해지고 언젠가는 사라질 것이다

　명암경계선을 넘으며 희미한 유리병에 갇혀 당신을 바라본다 나이아드와 탈라사 위성은 회피 춤을 추며 해왕성을 따라 우주를 돈다 당신이라는 중력에 잡혀 평생 주위를 돌지만 가까이 가지 못하는 나는 위성의 운명을 타고났다 낮과 밤의 명암경계선을 타 넘으며 회피 춤을 추는 우리는 가장 멀리 있는 연인

　해왕성의 맥놀이를 따라 그대에게 간다 언제나 나의 배후는 당신이다 어느 날 문득 날개를 접고 땅으로 사라지는 새들처럼 자오선의 시간을 달리는 당신은 극점에서 멈출 것이다 시간이 멈추고 기다림도 멈추고 극점의 문은 영원히 열리지 않을 것이다 중력을 잃어버린 나는 나이아드와 탈라사 위성의 충돌로 산산이 파괴될 것이니 그리하여 이

생은 늘 서러울 것이니

선재미술관의 마그리트

—

 선재가 없는 선재미술관에서 마그리트의 파이프를 흡입한다 이것은 선재미술관이 아니다 얼굴 없는 연인끼리 키스를 하고 선재는 오래전에 미술관을 떠났다 모호하여라 푸른 사과가 놓여 있는 거세당한 미술관에서 기마인상은 죽은 백남준을 타고 달린다

 아이의 심장을 베어서 오리엔트 특급열차에 태우고 열두 시에 출발한다 비루한 삶과 백척간두의 죽음이 열차를 타고 달린다 미술관을 빼앗긴 어미는 운다 백남준도 운다 복수의 시간이 없어 마그리트는 하늘에 달을 날려 보냈다 독수리 날개를 단 아비는 아직 돌아오지 않았다 자해는 선택이다 심연은 할퀴어졌고 찢어진 불가항력의 슬픔이 키스를 한다

 이것은 파이프다

—

그리운 것 속에 묻혀 있다

　　　　　　　~~당신~~이
　　　　날　　햇살　그리움은
　　더　그늘에서　<u>기다린다</u>　　　맑은 날
　　　　　　　무덤처럼
　　좋은　왔으면　~~사무치고~~　　　어두운
　　~~당신을~~　　　그립다는　　　　나는
　　　　　　　~~사랑하는~~
　　　　　　　~~외로운~~
　　온통　　　한번도　　　해 보지 못한
　　　　말의　　두려움　~~당신은~~

　　　　사. 랑. 이. 라. 는. 말. 의. 사. 무. 친. 전. 율.

셰이커 춤을 추는 날이면 우리도 뜨거워지리라

    정해진 날이면 마주 보며 셰이커(shaker) 춤을 추는 우리는 사랑의 기대로 뜨거워진다 셰이커 교도처럼 사랑의 언어는 지웠지만 우리는 아이를 낳아야 하는 부박한 짐승 그런 날이면 X01은 먼 우주에서 지그시 흐린 빛을 보내며 내 손의 움직임을 주시한다 보통의 연인들처럼 서로 사랑할 일은 없을 테지만 셰이커 춤을 추는 날이면 우리는 잠시 뜨거워지리라

    인류 멸종까지는 아니더라도 도시 하나는 너끈히 삼켰을 소행성 X01이 지구 180만 마일 가까이에서 망설이는 사이 우리는 서로가 눈치채지 못할 정도로 사랑할 뻔했다 빗살무늬처럼 서로의 성근 그림자 근처에 멈추어 선 X01이 우주의 적막 속에서 우리를 바라보며 눈물을 흘리는 줄은 미처 몰랐다 천문학자들은 X01이 우주로 돌아간 것은 전적으로 우리의 망설임 때문이었다며 그림자를 지워 주었다 훗날 첼랴빈스크에 떨어졌던 운석은 우주의 적막을 견디지 못하여 사람들의 가슴에 안겨 들었으나 살아남지는 못하였다 사랑할 뻔했던 우리는 다시 멀리 떨어져 셰이커의 회피 춤을 춘다

X01이 다시 지구를 찾아드는 날이면 무념무상 허공을 가만히 바라보는 여자를 보게 될 것이고 소행성은 천천히 행로를 우주의 먼 곳으로 바꿀 것이다

*X01: 2019년 10월 13일, 약 180만 마일로 지구를 스쳐 지나간 소행성. 정면으로 부딪혔으면 한 도시나 국가가 파괴될 만한 위력을 가진 소행성이었다.

그리고 나는 가네

—
　그리고 아니…
　그리움…
　홀연히…
　그리움…
　기뻐라…

메안더 무늬가 희미한 암포라에서 시간조차 너덜해진 양피지에서 늑골뼈 단정히 누운 시신을 보존하는 파피루스 조각에서 사포의 노래를 읊는다 노래는 존재했던 것을 존재하는 것을 존재하게 될 것을 안다

마른 모래 지층에서 울려 퍼지는 노래 찢어진 노래의 파편이 모래 사이로 퍼져 나간다

　… … …
　내 사랑
　… … …
　네가 여기 있다면 네가 여기에 있기만 하다면
　… … …

—

*그리고 아니… ~ 기뻐라…, … … … 내 사랑 ~ 네가 여기 있다면 네가 여기에 있기만 하다면 … … …: 해독이 가능한 사포의 시 일부.

바라 우는 소리

  제망매가 피리 소리 서러운 사천왕사지에 바라 우는 소리 들리는 듯도 하여 귀를 연다 일렁이는 바람 소리 하얗게 숲을 이룬 구절초 더미 안에 내 무덤을 만든다 그대에게 가는 지도는 혈관 깊이 새겼으니 오라 그대여 내 무덤자리에 무한의 처소로 놓일 불안의 삼층석탑으로 오라

  380120으로 시작되는 한생이 저물어 다리가 꺾이고 팔이 주저앉았다 바라 우는 소리가 318호 요양원 문을 연다 거리를 떠돌며 여자를 줍던 아비는 떠나고 아비의 예언에 깃들었던 형도 떠나고 바라가 바르르 소리를 떤다 아비와 형이 문을 연다 바라 소리 떠도는 천년 사잇길에 죽음을 누이면 고분에서 어미의 젖이 흐를 것도 같다 돋을새김 언약이 새겨진 고분에서 시간의 빗금을 견디는 방식은 불멸의 예언을 견디는 것뿐

  몸을 잃은 사람들이 바라 우는 소리에 함께 운다 한생이 구절초 꽃보다 가볍게 진다 우리는 모두 어미의 몸을 뜯어 먹고 자란 벨벳거미의 후손 어미를 염하며 살아남은 종족의 후손이다 고분이 열리고 꽃들이 피고 주검으로 누운 바라 소리 춤으로 환생한다 그대는 내 수의로 쓰면 좋을 구

절초를 피워 애도의 처소로 놓일 적막의 삼층석탑으로 오라

  그대에게 가는 지도를 혈관 깊이 새겼다 그곳에는 예언이 깃들기 쉬워 말이 무성했다

사랑한다 그리하여 존재한다

고개를 들어 달을 쳐다보고 고개를 숙이니 그대 생각이 난다 그대로 인해 비로소 고적한 세상이 열렸다 서럽고 다정한 푸른 각적 소리가 잠을 흘리는 밤이면 세상의 적막이 내려 앉고 믿을 수 없는 외로움이 달에 스몄다 그대가 있는 곳에 왜 나는 없는지 물결무늬 속삭임 같은 각적 소리를 들으며 그대를 기다리느라 한생이 흘렀다 섧은 나날이었다

나는 사랑에 갇혀 있다 저무는 해를 기다리며 일렁이는 초록 신기루를 바라보다가 그대에게 사로잡혔다 그대의 매혹이 척박한 땅을 날아오르는 새처럼 번진다 유예된 사랑은 쓸쓸한 겨울에 종말을 맞이할 것이다 눈먼 향로에서 수백 년 묵은 침향이 피어오르듯 견딜 수 없는 쓸쓸함이 저무는 해를 배웅한다 노을의 행간마다 사랑의 비루함이 저물어 간다

외로움으로 사랑이 깊어진다
나는 사랑한다 그리하여 존재한다

*고개를 들어 달을 쳐다보고 고개를 숙이니 그대 생각이 난다: 이태백의 「정야사(靜夜思)」를 변형.

제2부

초록의 목곽분에 대해

　죽은 사람이 산을 오른다 무덤을 판다 가만히 드러눕는다 어디서 봤던 초록의 목곽분이 지구의 중심으로 떨어졌다 암벽에 구멍을 파고 누웠다 바람이 문을 닫았고 살이 말라 갔다 죽은 뼈들이 엉거주춤 걸어 다녔다

　여원 하얀 꽃이 피었다 그런 일은 자주 있는 일이었다

　산에 오를 때는 늘 맨발이다 내셔날지오그래픽을 구독하지 않은 지 오래되었다 암벽 속의 풍장과 산 위의 조장과 떠도는 독수리와 말라 가는 사람이 함께 날아다녔다 청동기시대의 돌무덤이 있었다 당연한 일이었다 거기도 여기도 떠도는 날개

　매화가 피었다 꽃은 어디에서든 마음대로 피었다 묻지 않았다

일미진중함시방(一微塵中含十方)

一 빛을 머금고 사는 지의류를 보는 순간 바위를 이고 살던 흙과 지그시 누르는 흙의 무게를 감당할 길 없어 폭발하는 화산과 불길과 욕설이 지글지글 끓고 있는 뜨거움과 시발이라고 낮게 속삭이던 사람과 씨발이라고 아우성으로 덤벼들던 사람이 섞여 들면서 움찔하던 것은 가만히 앉아 햇빛만 받아먹던 초록의 지의류 때문이었는데

신의 뼈에 맹세하노니 씨발이라는 높은음자리의 욕이 신의 사지를 찢는 것보다는 못할 것이니 비로소 다시 사람의 욕이 빛을 쬐고 바위를 먹으며 사는 초록의 지의류에서 머뭇거린다 먼지가 우주를 머금듯 깔대기 지의 하나가 우주를 피워 올린다 불멸의 초록 사이로 피어나는 초록 스민 하양의 포자낭이 기껏 가르쳐 준 욕을 소곤소곤 속삭이던 사람을 닮았다 욕설 사전에는 지의류의 아름다운 포자낭을 두고 깔대기 같은 년 아무한테나 주는 년 바위나 파먹고 사는 년이라는 욕은 없을 것이다 대신 포자낭은 가만가만 기척도 없이 바위를 파먹고 결딴내어 흙으로 만들어 버릴 것이니

二 사지를 찢는 신의 맹세 너머 네가 머뭇거린다 너는 그때도

포자낭이었다 화산과 욕설 사이를 오가던 울타리 밖에서
머뭇거리며 한생을 결판내던 너였다

  먼지 하나가 우주를 삼킨다

절박한 환대 늙은 환멸

一

검은 뼈 가득 물살이 출렁이고 날지 못하는 독수리 울음이 도시로 밀려온다 함몰된 두개골에서 거품이 부글거리고 수년의 통증을 견딘 팔은 바람만 스쳐도 묵은 아픔을 토해 낸다 비가 내린다고 다 좋은 건 아니다 빗방울의 고통도 있는 것이니

    너는 나의 오랜 갈망
    직립의 잠이 만드는 열망이 너를 불멸로 만들었다

비가 내리면
다 좋은 거다

잘못 읽은 너의 말이 마른 잠을 스친다 눅눅한 꿈이 여윈 잠의 언저리를 맴돌며 뼛속을 파고든다 몸이 마르는 가을에는 직립의 잠을 깨워 다오 양철을 두드리는 마른 햇살이여

저녁의 결핍이 문을 두드린다 바람이 독수리의 뇌관을 건드려 분노를 조장한다 벌레 먹은 창 너머로 하얀 고양이가 속삭인다 산다고 다 사는 건 아니다 독수리 발톱이 고양이 눈을 겨냥한다

二

너는 나의 절박한 환대 늙은 환멸

주황얼룩무늬밤나방의 치명적 통점

　담녹색의 방랑하는 벌레는 치명적인 핏줄은 갉지 않아 아름다운 밤색 나방의 꿈을 꾼다 핏줄을 피해 이리저리 살점을 갉아 먹는 것은 주황얼룩무늬밤나방의 생존 방법이니 탓할 일은 아니지만 기왕이면 핏줄을 강타하는 즉사의 방법이 더 쾌락적이지 않을까 그의 치명적인 통점을 모르는 바 아니어서 부풀어 오른 투명한 꽁지를 짓이겨 배설의 고통을 겪게 한다든가 갈색 돌기를 오소소 문드러지게 하여 나방의 꿈을 밟아 버리는 방법도 있지만 몸을 잘라 버리는 즉사의 방법을 생각하지 않은 것도 아니다

　참나무 이파리에서 이리저리 노숙하는 벌레의 치명적 통점은 뭐니 뭐니 해도 날개의 뼈를 잘라 버리는 일이다 벌레의 긴 생애는 날개를 위한 것이므로 한생이 무너져 내리는 일은 즉사의 쾌감에 버금간다

　거울이 깨어지는 통증에 재갈을 물린 것은 그대의 사랑이었다 침묵이 깊어지는 것을 사랑이 깊어지는 것이라고 착각했다 아직 뜨지 못한 눈에 환한 꽃이 피어나고 먼 시냇가에서 물 흐르는 소리를 들은 것은 비가 막 그친 날의 오후였다 주황얼룩무늬밤나방의 성충이 몸을 기어올라 살

점을 뜯어먹는 것을 몰랐던 것도 사랑에 마비된 몸 때문이었다 정맥을 잘라 즉사의 기쁨을 누리지 못한 것은 여름날의 지루한 습기 때문이었을 거다

 슬프다
 나방의 꿈을 이루지 못한 벌레가 지루한 여름을 견디며 등에 삼각형의 양각을 새기듯 나의 사랑도 절치부심 갈색의 음각을 새긴다 나의 치명적 통점은 박명을 벗겨 내지 못한 무감에 있나니

가만히 바라보는 것

　식물이 고슴도치에게 속하는 것 들판 멀리까지 향기를 내뿜는 것 줄기가 제멋대로 꼬이는 것 식용버섯과 먹으면 죽는 버섯 벌레를 잡아먹는 것 북극 신화에 나오는 손이 긴 것 금방 나타났다가 사라지는 것 줄기가 아주 가늘지만 부러지지 않는 것 모여 있어야 예쁜 것 꽃이 사람 얼굴보다 더 큰 것 숲속의 요정처럼 보이는 것 그리고 그대가 사랑하는 것으로 분류된다면

　가을날 아침의 안개에 속하는 것 아침이 되어서야 귀가하는 자동차 안의 것 스카프를 예쁘게 두른 여자 500원짜리 동전을 줍고 좋아하는 사내아이 낙엽이 막 떨어지려 하는 나무를 쳐다보는 것 적천사 노란 은행나무 아래 앉아 있는 것 산국을 한 아름 꺾어 드는 것 추운 겨울날 산사의 툇마루에 오래 앉아 적막을 누리는 것 보고 듣지 못하는 사람이 나무를 가만히 만져 보는 것으로 분류된다면

　가만히 바라보는 것 잡은 손 사이로 떨림이 전해지는 것 마음보다 손이 훨씬 많이 알고 있는 것 익숙해지는 것 손마디 굵은 사이로 성글게 흘러나오는 햇살 같은 것 등을 지그시 기대고 싶어지는 것 모서리가 닳아서 잃어버린 말

같은 것 헐거운 신발 끈을 매어 주고 싶은 것 머리를 기대고 잠들고 싶은 것 종일 생각나는 것으로 분류된다면

  나는 어디에 속할까 마음을 잃고 얼어 버린 들판을 바라보는 사람 어깨에 기대어 지는 노을을 함께 바라보고 싶은 사람

다말이 다말 아래 앉아 있다

　막막하고 남루한 생을 더 이어 가기로 결정한 날 당신은 밤새 고양이 울음처럼 절박하게 울었습니다 더 좋아질 가능성이 없는 생을 생각하면 끝까지 가 보자는 말은 파리넬리의 노래처럼 부질없었을까요 이해라는 말의 난해함 앞에서 오래 서성거렸습니다 다말이 다말 아래 앉아 있는 것만큼이나 허니브레드 위에서 녹아내리는 생크림만큼이나 어긋남도 오래 서성거렸을 것입니다

　돌아보면 긴 악몽 같은 날입니다 면도 거품이 가득한 당신의 턱을 드나드는 칼날에 매혹되었던 적이 있습니다 아마도 그 칼은 당신의 목을 베기에는 안성맞춤이었을 테지요 검게 부식한 가죽 벨트에 슥슥 갈리는 칼날을 보며 끝내 실행하지 못한 불안을 생각했었지요

　한생이 화양연화였을까요 독작이 늘어 갔지만 은사시나무의 반짝임 같은 것이었지요 가끔 그대를 향한 반짝임이야 봐줄 수도 있는 일입니다 다말은 왜 다말 아래 앉아 있었을까요

*다말: 구약 창세기의 엘의 아내이며 유다의 며느리. 다말이 종려나무 아래 앉아 유다를 유혹했고, 유다가 다말을 취하여 자손을 낳았다. 또는 '종려나무'를 뜻한다.

통점이 없는 뇌의 통증

―

 통점을 찍어 내는 편작이 필요하다 날개를 곤추세운 부전나비를 따라 통증은 팔락이다가 부비동을 파고든다 머리를 얇게 펴서 부드럽게 흐르는 개울물에 세심하게 씻어 내면 오랜 통증의 근원이 흘러내릴 것 같다 나의 뇌는 월식 중이다 커다란 바위가 짓누르고 있으니 월식은 오래갈 것이다 자식을 먹어 버린 헤라클레스의 분노가 아틀라스 뼈를 짓이겨 놓았으니 편두통의 통점은 찾지 못할 것이다

 밀림에는 하루도 지나지 않아 살점을 모조리 뜯어먹고 하얀 해골만 남겨 놓는 파리 떼가 있다 곤충이 하는 장례식이다 애도의 날개를 따라 팔락이는 나비의 통증을 따라가면 파리 떼의 습격을 받은 두개골이 하얗게 말라 가는 충장(蟲葬)이 있다 두루미가 회색 날개를 퍼덕일 때마다 곤추서던 신경줄이 뇌를 파먹히는 듯한 밀도 높은 통증으로 퍼진다 편작은 오지 않을 것이고 월식보다는 하얀 해골이 견딜 만하다 그러고 보니 견딜 만하다 편작은 아니라도 짐작이 어설픈 젊은 의사의 수고가 하얀 뇌에 살점을 입혀 가기 때문이다 월식 중인 바위가 서서히 제 몸을 비켜 가니 하얀 낮달이 수줍게 얼굴을 내밀고

―

이만하면 견딜 만하다

I AM

　목서꽃이 쓸쓸함의 사이를 딛고 피어났다 죽음으로 생의 사명을 다하려는 너는 이정표 없는 늑골 사이에서 죽음을 사유한다 말해 줄걸 죽음은 사유하는 것이 아니라 닥쳐온 다는 것을 그늘이 짙어 나비도 날지 않는 목서 아래서 너를 기다린다 지층을 날던 바람 속에서 풍화된 너도 나를 기다린다 어쩌면 우리는 위태로운 늑골 사이를 거닐며 춤을 출지도

　너의 흰 뼈를 압골하여 가슴에 표구한다 입 가득 총구를 겨눈 로맹가리는 어제 죽었고 나는 오늘 내 가슴을 쏜다 로맹가리의 두개골이 뚫린 가슴으로 날아와 박혔다 아직 사유를 마치지 못한 너는 목서꽃 사이를 거닌다

　I AM 갈비뼈 두개골 권총 핏덩어리 흰 목서꽃

　너는 나를 애도하지 말라 로맹가리의 새들은 페루에서 죽었고 너는 내 앞에서 죽을 것이다 화약 냄새 가득한 총구를 소환된 새에게 겨눌 때 새는 눈을 번뜩이며 나를 물어뜯을 것이다

I AM

  모스부호처럼 피어난 목서꽃 사이로 너를 호출한다 맥락을 잃은 모스부호처럼 꽃이 출렁이고 대책 없는 흰 별이 와르르 추락한다 너는 읽혀지지 않는다 뜬금없이 내 삶으로 기어든 너를 향해 총구를 겨눈다 너는 페루에서 죽었다

태백에서

   탄광에서 익사한 광부는 죽어서야 탄가루를 씻어 내듯 우리는 언제나 늦습니다 금강송을 헤치고 태백의 검은 강에 닿은 날이었지요 그대는 기껏 태백이냐고 타박을 했고 나는 드디어 태백이라고 감탄을 했습니다 이제 검은 태백은 아니었지만 나는 당신의 손을 움켜쥐며 먼 길을 달려온 우리의 노고를 치하했습니다 바람에 익사한 광부를 생각하며 우리가 먹었던 것이 막국수였던가요? 그러고 보니 국수마저도 검다고 낄낄거리기도 했었지요 우리는 아직 선부른 여행자였고 서로의 언저리를 돌며 내통의 기회를 엿보았습니다

   언제까지 살아 있을지 모릅니다 좀 더 오래면 좋겠지만 지금까지라도 탓할 일은 아닙니다 시간은 그때도 지금이었고 내일도 지금일 것입니다 함께 비라도 기다리면 좋겠지만 아니어도 괜찮습니다 황지 물이 낙동강까지 흘러드니 발이라도 씻자고 부추겼지요 그때 황지 물이 이제 낙동강에 닿았는지 강물은 흐리고 뜨겁습니다 검은 슬레트 지붕 사이로 너풀너풀 날리던 빨래 속에는 수의가 있었던 듯도 합니다 그리로 오래 눈길을 주던 그대를 끌고 내연의 언어를 속삭였습니다

하필 태백이었을까요

점무늬병에 대한 변명

一 철쭉 잎이 쉽게 무너져 내리는 것은 고열을 견디며 지루하게 올라야 하는 극점이 싫어서다 꽃이 져 버린 줄기를 견디는 일은 그대를 잃고 견디는 나날의 접합이다 이파리를 덮어 가는 분생포자좌들이 나의 몸에도 퍼져 나가 때 이른 죽음을 꿈꾸는 것은 어디서 헤어진지도 몰랐던 그대의 실종 때문이다 분생포자좌의 검은 점처럼 기억이 점점이 잊혀지고 봄이 가기도 전에 철쭉 잎이 말라 떨어지는 것이 점무늬병 때문이듯 살아남기 위해 안간힘을 쓰지 않던 내 몸에도 검은 슬픔이 번진다

二 초록의 피가 돌면서 숲이 환해진 것은 철쭉이 시름시름 피어나면서였는데 점무늬병 벌레도 그때 자박자박 자라면서 틈을 보았을 것이다 종말은 절정의 순간에 예비되어 있듯이 벌레도 절정을 기다리며 몸을 숨겼고 그대와 나의 틈도 차근차근 퇴적되며 절정을 기다렸을 것이다 그대의 실종 이후 숲에 들면 얼룩덜룩 몸을 상해 버린 이파리 뒤에 벌레는 수줍게 몸을 말고 이파리의 죽음에 대해서는 아는 바가 없다는 듯 가끔 기지개를 켠다 그대의 몸에 검은 점이 퍼지는 것을 몰랐던 것은 뜨거운 몸 뒤에 숨은 벌레를 감지 못한 탓일 뿐 나는 그 무감이 슬퍼 떨어진 이파리와의 접합을 꿈꾸는 것이다

사막으로 가는 길

 밥을 먹는 일의 비루함을 알아 버린 후 사막의 바람꽃처럼 식음을 폐한다 끊는다는 것의 비장함을 알 것도 같다 꽃이 피기 전 일찍 곡기를 거절했으면 덜 불행했으리라 오늘 나를 만난 그대는 내일 나를 잊을 것이다 적막한 말과 오체투지할 일만 남아 나도 그대를 잊을 것이다 비린내 풍기던 그대의 그늘을 생각한다

 끊는다는 말 속에 스민 울음이 깊다 가을 별이 내려와 울음을 운다 죽어도 괜찮은 날이 자꾸만 간다 살아서 불행했던 우리는 그늘을 드리운 어느 사막에서 하루쯤 쉬다가 죽으리라 우리는 모두 무죄다 해가 누운 방향으로 달리는 누우 떼를 기다리며 살아서의 행방을 생각한다 벌통을 놓고 꿀을 기다리던 그런 날이 누우 떼와 함께 달린다

 사는 일은 환청과도 같아 실수처럼 오래 살았다 가끔 사랑이 찾아와 아이가 생겼고 목숨이 부지되었다

 아직도 살아 있다고요? 실수였습니다 사막으로 가는 아름다운 길을 잊어버린 죄가 깊습니다

하나를 놓아 하나를 더옵기

一

천 손에 천 눈을
하나를 놓아 하나를 더옵기
둘 없는 내라

  오후 세 시 긴 손가락이 초록의 밭고랑을 덮는다 손가락에서 검은 비가 내린다 눈이 보이지 않는 여인이 풀을 뽑는다 태어나지 말았어야 할 아이가 밭 끄트머리에서 운다 세상의 모든 아이는 태어나지 말았어야 했고 세상의 모든 어미는 아이를 낳지 말았어야 했다

  잠깐 짚었던 이마의 땀으로 목을 맬 수 있다면 눈에 밟힐 일은 더 없을 것이다 여인이 허물처럼 고랑을 천천히 걸어간다 멀리서 우는 아이 울음이 뱃노래처럼 들리고 땀이 강물이 되었다 즈문 눈 즈문 귀 천수관음상 빌어 아이 하나 지상에 남기노니

  사람의 한평생에 이런 날이 또 없었다

*천 손에 천 눈을 하나를 놓아 하나를 더옵기 둘 없는 내라: 향가 「도천수대비가」.

무량공처

　맥놀이가 넓게 퍼지며 소리를 도려낸다 바지가 걸어가고 셔츠가 달리고 코트가 팔을 내밀고 목을 자른다 기수갈고둥의 껍질이 닳아 없어진 것은 민물과 짠물 사이에서 힘겨운 줄타기를 한 탓도 크지만 바다의 맥놀이를 믿지 못한 탓이다 당신을 믿지 못해 걸어가는 바지와 달리는 셔츠의 파동에 자꾸만 흔들렸다 너무 무거운 당신 너무 작은 당신 너무 빠른 당신 너무 죄는 당신의 심장은 여전히 뜨겁고 정직하지만 나는 파동에 쉬이 흔들리는 몸

　멀리서 찾아드는 기척이 맥놀이를 한다 웅성거린다 반구천을 걷던 시조새처럼 소리의 후생이 수천 년 뒤 당신에게 닿을까 무량공처 소리의 향기로 닿을까 소용돌이치며 닿을 당신 어지러이 걸어온 기나긴 길이 파동을 일으킨다 소리의 끝에 결가부좌 당신이 있다

미간을 찡그리다

    편두통의 습기가 가득 배인 찡그림 안에는 통증의 DNA가 있어 가끔 미간을 가만히 만져 봅니다 세로로 골 깊게 파인 주름이 명치로 이어져 눈물의 길을 만들곤 하지요 견딜 수 없는 통증을 주신 신은 사라지고 시간은 지구의 중력을 무시하고 거꾸로 굴러가고 있었답니다 빛이 깨어지고 향이 넘어지고 울렁울렁 구토가 시작되고 거꾸로 달려가는 시간은 느리게 굴렁쇠를 굴리고 캄캄한 적막 속에서 눈물이 통증의 운세를 읽고 있었지요 자자손손 번성할 삼나무처럼 무성할 이끼처럼 악착같이 살아날 운수대통할 운세가 읽혀지는 미간을 찡그립니다

    편두통이 미간을 기어들 때면 백열등 같은 날것의 마음이 칼날을 시퍼렇게 벼린 채 빛을 더듬습니다 침대 아래로 떨어져 나간 다리와 거실에 나동그라져 있는 팔과 계단을 헉헉대며 올라오고 있을 심장을 놓쳐 버린 머리는 창문을 잃어버린 방에서 지구의 늑골을 파헤치며 땅속으로 깊이 내려가지요 온갖 벌레들이 뇌수를 파먹고 드디어 하얀 해골만 남으면 통점은 거처를 잃고 허둥거리며 은사시나무 흰 수피를 따라 사라집니다

미간을 찡그리지 말라구요? 서로를 꽉 끌어안고 죽은 사람은 얼마나 사랑해서일까요 나는 찡그린 미간으로 고작 편두통의 통점과 싸우느라 때로 두개골이 으깨지기도 했는데요

궁상각치우

一 궁……
　종묘에서 까마귀가 날아올랐다 깊숙한 곳에서 신위가 떨어지고 허리 굽힌 내관이 월대를 총총히 뛰어가고 지붕 위로 무한의 꿈이 흐른다
　긍휼히 여기소서 정전 깊이 숨은 불멸의 음은 소리가 없습니다

　상……
　성균관 하연대 위에 꽃가마를 세우고 그대를 부른다 죽음이 갈라놓을 인연 따윈 없다 수십의 처첩처럼 그대는 나의 처첩 창경궁 담벼락을 넘어 놀아나 보세 꽃 같은 아이들이 생겨날지니

　각……
　신라의 땅 어느 들판에 첨성대라는 허우대 좋은 물건이 있다는데 유독 별들은 조악하여 원효가 발로 걷어차고는 동네를 어슬렁거렸습니다 요석을 유혹하고자 허랑방탕 담을 넘었는데 설총이 태어났으니 성균관으로 데려오면 요석의 땅은 망하고 훈민정음 문자를 만들어 왕의 땅은 첨성
二 대 하늘까지 뻗쳐 불사의 염원이 깊어질 것입니다

치……

홍수환이 주먹으로 경복궁을 쳤다 어머니 저 일등 먹었어요 청와대 앞에서 데모하던 사람들이 고요해졌다 별거 아니에요 그냥 한 대 쳐 버리면…… 대법원이 무너지고 국회의사당이 무너지고 방송국이 무너지고 어머니만 환할 거예요 다시는 어머니 뱃속에 슬픔을 잉태하지 마시고 가난도 품지 마셔요 치킨 배달하고 와서 경복궁은 복구해 놓을게요

우……

성과 속의 경계가 없으니 높은 축대로 담을 쌓고 그대의 몸을 둘러싼들 편안하지 않을 터 모산재 그늘 아래 무덤 파서 해골 물을 마신다
나의 꿈은 귀머거리 나의 꿈은 벙어리
종묘에서 날아오른 까마귀가 영암사지에서 깃을 접었다 죽음의 염원은 길지 않을 것이고 인간은 꿈을 꾸지 않을 것이다 여자들만 아이를 낳았고 절은 무너졌다

종묘의 태조 신위는 비어 있습니다 까마귀가 신위를 할퀴었습니다

고작

하느님은 천국의 영원에 대해서 밥상 앞에서 오랜 시간 말씀을 한다 영원에 깃든 끔찍함과 열락의 지겨움이 고통이라는 불온한 상상과 말씀의 끝자락으로 떠돈다 말씀에 모락모락 오르던 김이 식는 동안 하느님은 예순여섯 권의 말씀으로 이어진다

토라의 구라를 지나 느비임의 협박을 지나 케투빔의 헛된 말 앞에서 사람은 말을 잊는다 유앙겔리온의 지복이 사람의 머리 위에 내릴 것이니 프락세이스에 기록된 말씀을 믿으라 말씀과 축복으로 만든 사람이 다녀갈 것이고 그가 자라 우리의 죄를 대속할 것이니 그것은 프로스가 증명하고 있지 않은가 요한의 프로스 드디어 아포칼립시에서 계시하노니 하느님이 말씀을 낳았고 믿지 않는 자는 저주를 받을 것이니…… 이것은 하느님의 말씀이 아니다 저주는 인간의 언어이니

담아 놓은 김치에서 물이 흘러내리고 생선도 식은 지 오래 하느님의 말씀만 지루하게 이어진다 하느님은 어쩌자고 저렇게 긴 말씀의 서약을 새겨 놓았을까

전지전능하신 하느님 보이지 않는 하느님 이제 말씀을
거두시고 돌아가시라 나는 배가 고프다

무제

　그믐의 슬픔이 스멀스멀 기어오른다 생이 다시 온다면 일필휘지로 생을 마감하리 그렇고 그런 사소한 삶은 한 번으로 족하다 죽은 체 누워 있던 뱀은 온몸으로 기어다니는 상심 때문에 울음이 차올랐을 뿐이다 신갈나무에서는 죽은 도토리가 떨어지고 거우벌레는 비로소 안식에 든다 달은 다시는 떠오르지 않을 것이다

　작년에 돌아왔던 당신의 기일이 가까워졌다 슬픔은 식어버렸고 다친 손에서는 그믐의 피가 흐른다 뱀의 피가 푸르거나 희다고 믿은 적이 있었다 바람꽃을 닮은 흰 연두의 마음이 돌아오는 기일을 반긴다 가야 할 날이 가까워지는 기대가 기일을 들뜨게 한다 당신이 죽은 후 당신에게는 아무 일도 일어나지 않았다 당신이 슬퍼할 일은 없었다

거두절미

 거두절미라는 언어의 아름다움에 오래 침잠한다 몸통만 남은 몸으로 꽃잎장(葬)을 치른다 목 잘린 목서화가 비 내린 마당에서 홀연히 상을 치르던 쓸쓸함에 서성인다 가히 적막의 집 한 채 지을 만한 날이다

 낚시꾼이 버린 불가사리가 시멘트 위에서 뜨겁게 죽어간다 무게중심을 놓친 낚싯대는 거두절미 그를 버렸지만 몸을 빳빳하게 세우던 죽음의 형식으로는 그럴듯하다 불가사리는 자를 대가리도 꼬리도 없어 아름답다 거두절미 온몸으로 받아들이는 직방의 혼절이다

 의미가 교차하고 횡단하는 지점에서 언어를 자른다 로자리오 소나타가 끝없이 울리는 박명의 시간 목서화의 절명이 여윈 꿈처럼 번진다

거처를 잃은

　루시라고 호명당하는 보더콜리 앞에 상수리나무 앞에 서어나무 앞에 은사시나무 앞에 꽝꽝나무 앞에 무덤 두 쌍 앞에 고라니 몸 비비던 자리 앞에 늑대거미 앞에 거처 있는 것들은 다 있다 있고 있고 또 있다 상수리나무 이파리는 말라 가고 말라 가고 푸석거리고 그 깊이의 아득함은 모른다 살아날 수 있을까 궁리에 궁리를 거듭하며 앞으로 나간다 늑대거미의 거처를 뚫고 멧돼지의 거처로 나간다 소곤거리던 꿩들이 햇살을 먹으며 날개 사이로 날아간다 가망 없는 것들이 숲을 지킨다 현기증 일던 아지랑이 같은 내 목숨도 가망이 없다 햇살 앞에 거처를 넓히는 늑대거미 앞에 동박새 얼쩡거린다 얼쩡거리는 것들 앞에 또 얼쩡거리는 것들 주저주저 가다가 오고 나뭇잎 아래 신발이 간다
　하지 못한 말이 있다

예언의 말, 시

 카산드라 그대의 말은 박명을 지나는 밤새 소리 같고 안개 속을 찰랑이는 물고기 소리 같고 헐벗은 나무를 흔드는 바람 같고 자정 넘어 홀로 출렁이는 파도 같고 물가에 배를 대는 어부의 한숨 같고 백련암 적묵당을 갉아 먹는 벌레처럼 애매하고 모호하여 나만 알아들으니 그대의 예언을 알아들을 이 나밖에 없으니

 백 년쯤 고적한 사막에서 그대를 기다리면 별들도 쪼그려 앉아 그대의 말에 귀를 기울이리 사막을 지나던 여우가 몸을 구부려 그대의 전갈을 전하나 독수리가 그 말을 쪼아 버리고 그대는 아직 전족의 외발을 디디며 무한의 늪을 건너는 중이니 나는 사막의 달빛 아래 그대의 말을 받아 적으며 그대를 기다린다 나의 사랑도 무한의 늪에 닿은지라

 카산드라 그대의 말은 신농계의 앵무협곡에 첩첩이 쌓인 비문으로 전해질 것이나 운명처럼 수몰되어 흔적을 잃을 것이니 나의 사랑만이 그대의 적막을 이해할 것이다 무한으로 흐를 양자강 물로 봉인한 그대의 적막한 비문을 시로 옮길 것이니

제3부

섧은 자리

 여우가 놀던 뒷산 애장터에 산국이 노랗게 피어나 바람과 놀고 있다 어미를 잃어버린 노란 애기 오리 뒤뚱뒤뚱 돌더미를 오르니 조막만 한 손 하나 오리의 다리를 잡는다 더 놀고 가라고 친구들이 많이 있다고

 아비는 저녁이면 외등을 켜 놓고 아이를 기다렸다 뒷산 애장터에서 바람이 곡을 하면 덩달아 큼큼 헛기침을 하며 귀를 열었다 추운 밤을 견딜 이불 한 채 들었다 놓았다 하면 산국도 덩달아 노란 불빛을 깜빡이며 애장터를 덥혀 주었다 아비의 가슴에 돌이 차곡차곡 쌓이고 있었다

 돌이 된 아비가 애장터에서 아이를 안는다 얼굴에 숯검댕이를 바르고 바람을 지킨다 낯선 산국이 건들건들 돌을 건드리니 무덤 속으로 향이 환하게 번진다 아비가 노랗게 웃는다 개밥바라기별이 밝아졌다 흐려지며 무덤으로 가득히 떨어진다 섧은 자리였다

얼음경

가족이 아이를 잡아먹거나 늙은이가 깊은 밤 흰 눈에 스스로를 묻는 북쪽 툰드라 지방에서는 순록이 저벅저벅 흰 초원을 밟으며 온다 겨우내 인간이 죽은 수만큼 순록도 스스로를 툰드라에 묻는다 검은 대지에서 일어나는 흰색의 참사다 세상이 아직 매듭을 풀지 못했을 때

섧고 적막한 얼음 땅에서 할머니는 얼음경(經)이 되었고 한 끼의 식사에서 한 그릇의 밥이 줄었다 살아남은 자는 여유가 생겼다 눈이 먼 아이를 잡을 때 어미는 외면하지만 고기를 먹지 않는 것은 아니다 먹을거리가 생겨서 초록을 기다리는 시간이 늘어난 가족은 툰드라를 울리며 달려올 순록을 기다린다 저 멀리 땅을 두드리며 신기루처럼 까맣게 몰려올 순록들

흰, 바람 부는 눈 위에서 기둥이 된 얼음 경전을 본다 경전은 초록이 몰려와도 허물어지지 않고 까만 순록을 본다 밥이다 툰드라의 밥이 흰색을 덮는 날 움막 앞에는 두 개의 얼음 경전이 녹아내린다

궁극의 죽음이며 극지의 삶이다 거듭 시간이 바뀌어도

툰드라는 흰 얼음경을 잊지 않는다

비의 수작

―

바람이 내리는 집에서 너를 기다렸다 고백이 되지 못한 말들이 산을 타고 웅웅거렸다 나는 네모난 집에 갇혀 사랑을 하고 얼굴을 벗는다 뾰루지가 돋은 목에서 지루하게 흘러내리는 피

아아! 날아갈 것 같아 뼈들이 우르르 산으로 도망을 가

역린이 뱀의 몸을 휘감았다 나는 사악한 뱀 기약할 수 없는 기다림은 그리움이 아니다 어제 아팠던 견갑골은 오늘도 아파 권태가 스멀거린다 자꾸만 멀미가 난다 너무 낮은 혈압은 아직 멀리서 머뭇거리고 수작을 부리던 비는 고작 뼈나 부러뜨리며 비린내를 풍긴다

아아! 간지러워 뱀들이 피를 먹고 있어 바람이 통증을 일으키며 산을 넘고 있어

너는. 아마도. 오늘은. 오지. 않을 거야. 비늘을 단 사악한 뱀들이 마당에 진을 치고 있어

―

배후습지

　엇갈린 손목 사이로 바람이 불고 그대의 허기 너머로 로트렉의 아픈 색이 번진다 사랑이라는 말의 통증이 관자뼈 사이사이 울퉁불퉁 편두통으로 퍼져 나가고 비로소 사랑이 한심해졌다 술과 색과 갈망 사이로 아슬함이 계단을 달렸다 모욕의 인기척이 계단에 술을 뿌리고 나는 가슴이 아파 울었다 로트렉이 죽던 그해 사랑에 빠졌다

　불안이 갈비뼈를 부서뜨렸다 변명은 사소하고도 비루했고 서러움은 권태와 비참으로 환골탈태했다 따스한 바람이 엇갈린 손목 사이를 스치며 흔적도 없이 사라지고 집을 지키던 나는 바깥만 내다보았다 누구나 바깥에 대한 동경은 있는 법이다

　그대는 나의 바깥이었고 배후였다

코발트블루의 말

  눈이 보이지 않는 심해어처럼 촉수를 곤두세워 너를 더듬는다 바다의 말은 촉수에 얼금설금 닿았다 사라지며 모호해지니 그리움이여 파도의 끝에서 대롱거리는 물방울 같은 말이 너의 전언일까

  스치는 물고기 비늘이 바다를 흔든다
  밤새 너울성 파도에 시달리던 심해어는
  야윈 채 말라 가고

  언젠가 슬며시 잡아 주던 손가락의 여운이
  이월의 바람에 실린다

  달빛이 몸을 푸르게 물들이고
  무구하고 어두운 그림자로 달라붙으며
  오래된 말을 각인한다

  보이지 않는 말은 화석이 되었다 더듬어야 하는 말이 자꾸만 가라앉는다 흔들거리는 말 대롱거리는 말 모호하고 또 모호한 그리움이 심해의 코발트블루로 짙어진다

그리움이여 심해를 뒤집어 깊고 멀리 다가오는 너울성
그리움이여 눈물의 길에서 가물거리는 말이여

최후를 견디는 법

一

　새들은 추방된 이방인처럼 국경을 넘고 새들이 낸 길을 따라 서러운 행렬이 이어진다 숲속에서 길을 잃었다 존 케이지의 피아노 소리가 나무의 눈을 털어 내고 새들은 부러진 나뭇가지에 앉아 운다 견디는 일이 끔찍해서 울고 있는 새들

　오늘도 종일 아팠다 누구도 밥 한 끼 챙겨 주지 않았고 안부를 묻지 않았다 철저히 유폐되었고 추방되었다 케이지가 종일 피아노를 쳤다 죽음으로 헤어졌던 이들이 전부 나타나 춤을 추었다 보르헤스의 난해한 문장이 배후가 되었고 어긋나 버린 삶이 무참해서 울고 싶었다

　그늘이 깊다 다만 최후를 견디고 있을 뿐이다

一

베이다

 죽지 않았으면 폐인이 되었을 거라는 사람의 안부를 듣고 칼날이 심장을 베었다 입안이 말라서 혀를 깨물었다 상상했던 일은 일어나지 않았고 예정된 일처럼 깨물린 혀가 아팠다 베인 심장에서 돋아난 피가 눈의 핏줄로 터졌다 나는 볼 수 없는 인간이 되었고 사람 하나 기다리는 일이 허물어졌다 나는 그의 언저리가 아니었다

 열리지 않는 문이 있었다 날개를 단 도다리가 해변의 마당에서 펄떡이고 있었다 그는 도다리처럼 죽었거나 나비처럼 마른 날개를 비비며 폐인이 되었을 것이다 이미 망해버린 삶이 삼십 년 세월을 거슬러 그를 난도질한다 살아남은 자의 독설이 마른 피 위에서 퍼덕인다

  아직! 그는 죽지 않았을 것이라는 상상이
  이미! 폐인이었을 오랜 시간을 덮는다
  사람은 누구나 한때 폐인이었고

  그날 밤 나는 손목을 깊게 베었다

귀래

노래를 타고 첫사랑이 돌아왔다 언약의 서는 늙었고 부패했지만 허기가 남아 있었다 나는 너의 상처였고 너는 나의 허기였다 음각으로 문신을 새긴 노래가 차가운 적막이 되어 너의 귀환을 반겼다 품었던 후회가 병산서원 만대루처럼 환했다 척박했던 그리움이 노래가 되었다

너는 내 심장이었고 여린 발목의 아킬레스였고 잠을 빼앗은 통증이었다

네가 떠나고 하늘을 찍는 벌목 소리가 갈비뼈 사이를 벌렸다 울음으로 채워지지 않는 맥박의 허기에는 환멸의 적막이 자리 잡았고 자주 명치가 아파 울었다

노회한 시간이 출구가 없는 미로에서 반가부좌를 틀었다 후련한 아픔이 명치를 후려쳤다 피를 머금은 가을이었다

환멸처럼 다시

 애틋하다 종일 비가 내릴 것이라던 일기예보는 불면의 기대를 배반했다 약속이 기만당한 기쁜 틈을 타 서툰 피리 소리 들리고 아비는 간을 내어 말린다 흐르던 물살은 늙은 소의 발목으로 높이를 가늠하고 환멸처럼 천천히 비가 내린다

 구르던 물들이 수직으로 떨어진다 비를 모방하는 소리가 귀를 속인다 물방울 속의 신화는 늙었고 낡은 트럭 소리가 신화의 궤를 망가뜨린다 오래된 것들은 모두 망가지지만 그것도 괜찮다

 아비의 간은 젖었고 비는 아직도 수직으로 내린다 그립다는 하나 마나 한 말이 협곡으로 울린다 그것도 노래 같긴 하다

사그락거리다

톱밥 안에서 버둥거리는 게들이 사각사각 제 발톱을 갉아 먹는다 서로의 다리를 잘라 버리고 눈알을 파내며 사그락사그락

맞지 않는 주파수를 통해 간장을 끓이고 식히는 동안 여전히 다리를 자르고 눈알을 파는 게들 중요한 건 몸통이지 통통한 살과 꽉 찬 알과 그리고 살아 있는

사그락사그락 가방을 메고 학교로 간 아이 떨어지려는 다리를 붙잡고 일터로 나간 아빠 어젯밤 나는 얼굴 푸르던 불안을 반성하며 어둠을 달렸다 죄는 늘 있고 그늘로부터의 죄 사함도 늘 있고 배신도 늘 있다 은밀한 죄를 사하기 위해 간장을 끓인다 통렬한 반성은 한 번이면 족하다 파 버린 눈알과 잘려 버린 다리 사이로 사그락사그락 노래가 울린다

그만하면

 굳히기에 들어갔다 목 씨 할머니는 과일 바구니를 들고 들락거렸다 화선지의 화려한 채색화처럼 마을에 번져 나가는 수다스런 척추동물문 참새목 멧새과의 붉은뺨멧새의 지저귐에 척삭동물문 영장목 사람과의 죄 없이 무구하게 예순을 넘긴 사람은 젊은 여자와 사는 남자였다가 아이가 셋이었다가 졸지에 쉰이 넘은 남자가 되었다 파랑새였다가 노랑새였다가 초록새였다 돼지 귀때기를 뜯던 개는 잔디를 파헤쳤고 사람을 물었다 파헤쳐진 구덩이에 흙을 덮었다

 치즈 같은 마을이었다 더운 날에는 고향이 들락거렸고 추운 날에는 도시가 들락거렸다 풀어지던 버터는 도시에서 엉겼다 파랑 섞인 노랑새와 노랑 섞인 초록새가 날아들었다 돼지 귀때기는 흔적이 없었다 사과밭에는 거름이 뿌려지고 잔망스런 고양이가 두더지를 파헤쳤다 저마다 굳히고 있었다 엉기지 않는 치즈에서 구더기가 생겼다 새로운 신의 탄생을 축하하며 할머니 몰래 신에게 경배를 드렸다

 기차를 타고 떠난 아이는 서울에서 굳히기에 들어갈 터였다 습기를 머금은 새들의 날갯짓이 순해지고 이웃을 물던 개도 순해졌다 모든 것이 그만하면 되었다

우물과 동굴은 같은가 다른가
— 경산 코발트 광산의 기록

一   우물 속으로 내려가 본 사람은 안다 그곳이 얼마나 막막하고 아득한지 살아서 올라가야 할 땅이 얼마나 멀고 낯설던지

    몸을 찾지 못한 초록 등뼈와 검은 무릎뼈가 늪 속에서 기다린 긴 시간 막막하고 아득하여 헤아리기 어려웠던 시간도 없고 그대와 나도 없던 때가 지나 늙은 아내가 푸른 두개골을 동굴 밖으로 들어내던 날 그 눈부시고 낯설던 햇살 아래 구절초가 하얗게 피어 있었지 나의 아이였던 어른이 검은 정강이뼈를 부둥켜안고 울던 울음이 사무쳐 무릎을 오그렸으나 실종당한 근육과 여렸던 핏줄과 두개골과 기억을 잃어버린 뇌와 무거운 지게를 굳건히 받치던 정강이뼈와 산을 오르내리던 근육으로는 나를 찾기 어려운 시간을 지나는 동안

二   3,500개의 두개골과 7,000개의 무릎뼈와 70,000개의 손가락과 발가락이 기대어 의지하던 동굴 깊은 곳 뇌를 관통하던 총알과 무릎을 꺾게 만들던 욕설과 광기의 시간도 지나 우리의 가슴에서 피어난 동의나물꽃과 눈알을 뚫고 자라던 이끼와 뇌를 파먹으며 자라던 골풀과 실핏줄을 따라가던 사초가 숲을 만들던 어둡고 대책 없던 죽음의 장소

에서 우리는 쉬고 있었지 동굴을 벗어나는 방법을 알지 못하여

 우리의 아이였던 어른이 동굴을 처음 열었던 날 사초가 일제히 몸을 흔들며 바람을 맞아들였던 그날 암중모색하던 탈출의 때가 왔던 날 누군가는 다시 동굴을 막고 싶어 하고 누군가는 모호한 두개골 앞에서 손을 모으던 날

 우물 속으로 내려가 본 사람만 안다 죽음 앞에 서야 하는 비장함과 체념과 슬픔과 무릎뼈가 무너져 내리는 적막을
 결코 우물 밖으로 나갈 수 없을 거라는 갈비뼈가 일러 주는 두려움을

울음 우는 것들에게 묻는다

一

여축시를 산 채로 열 개의 태양이 구워 죽이고 있다
열 개의 태양은 공중에 있고 여축은 산 위에 있다

 사람들이 모여드네 냉장고가 타고 장롱이 타고 책이 타고 아비가 타고 어미가 타고 아이가 타네 소방차가 달려오고 구급차가 달려오고 구경꾼이 엉겨 붙네
 저! 저!
 천장이 내려앉고 지붕이 내려앉고 사람들이 뒹구네 소방차 불빛이 빙글빙글 돌아가고 사람들이 아우성치네 모든 날이 타고 있네 어디선가 북소리가 들리는 듯도 하네 검은 징조를 타고

 커튼을 걷어 주세요 계단을 빨리 치워 주세요 뜨거운 쇳덩이가 어깨를 누르고 있어요
 어머니!
 교복이 타고 가방이 타고 머리카락이 타고 있어요
 불타는 지하철이 달리고 있어요 문을 열어 주세요

 사람들이 모여드네 연기가 피어오르는 지하를 더듬으며 발을 구르네 어미가 달려가네 아비가 달려가네 화염의 땅을

긁으며 지하철이 달려가네

  바다를 생각했네 물이 가득한 바다! 땅속을 뒤집으며 쓰나미로 달려올 바다!

  슬픔은 아무리 해도 조용할 수 없다 밤이면 길게 울음 울다 돌아가는 어미가 있는 통곡의 탑에서는 어미를 다독이는 아이의 소리가 들리고 나른한 하품 소리도 울음 앞에서는 황급히 입을 틀어막는다 헤아릴 수 없는 슬픔은 아무리 해도 부서지지 않는다

*여축시를 산 채로 열 개의 태양이 구워 죽이고 있다 열 개의 태양은 공중에 있고 여축은 산 위에 있다:『산해경』.

해설

우리가 무엇을 더 꿈꿀 수 있는가?

이병국(시인·문학평론가)

　장 폴 사르트르는 『문학이란 무엇인가』에서 예술적 창조의 주요한 동기 중 하나로 세계의 어떤 관계를 포착하고 거기에 없던 질서를 도입하여 사물의 다양성에 정신의 통일성을 집어넣어 글 속에 고정시키고자 하는 욕망을 들었다. 그는 이러한 욕망이 대상을 항상 유예의 상태로 내몰아 창조적 활동을 비본질적인 것으로 만들기에 주의를 기울여야 한다고도 언급한다. 나아가 그는 또한 글을 쓰는 일, 그 창조적 행위는 불완전하고 추상적인 하나의 기회에 지나지 않는다고 보았다. 이는 문학작품이 목적 없는 합목적성 속에서 미결정된 하나의 도구와 같은 것으로 보는 입장이라 할 수 있다. 그 도구를 어떻게 활용할 수 있을지는 작가의 의지에 결정되는 것이다. 그러나 작가의 의지는 존재의 불확실성으로 말미암아 전일성을 상실하고 가상적 구속 상태에 놓여 혼란에 빠질 위험이 농후하다. 그 무엇도 실존적 증거로 삼을 수 없는 위험에서 벗어나기 위해서

라도 존재는 『구토』의 로캉탱이 그러하듯, 무정형한 삶을 논리적 연계 속에서 정돈하여 실제의 삶과는 전혀 다른 이야기에 몰두하는 자기기만에서 벗어나 세계와의 관계, 타자와의 관계를 살펴야만 한다.

대자(對自, pour-soi) 존재인 우리는 그 어떤 본질에도 고정되어 있지 않다. 우리는 자신의 행동을 통해 자신을 규정하며 자유로운 선택과 그에 따른 책임을 다하고자 한다. 비록 그것이 저주처럼 여겨질지라도 인간에게 주어진 자유와 선택, 그에 따른 책임을 통해 타자와의 관계를 통찰함으로써 자신의 실존을 구체화할 수 있기 때문이다. 이를 위해 선행되어야 할 것은 어쩌면 자기 자신을 향한 응시인지도 모른다. 천영애 시인의 네 번째 시집 『말의 섶을 베다』는 바로 그 응시의 자리에서 출발한다.

녹우당 은행나무 돌계단에 앉아 비버의 로사리오 소나타를 듣는다 해남의 바람이 비자나무를 흔들어 소리를 벤다 수백 년 돌계단이 몸으로 스며 허술했던 생을 돌이킨다 권태롭고 현기증 일던 생이 동백 열매처럼 부서진다 말들이 춥다

낙타를 타고 사막을 달릴 때 사자가 낙타의 목을 할퀴었다 죽어야 끝나는 일이 많다 수천 년을 사는 암각화처럼 흔적을 새기는 일의 무서움을 안다 약속은 죽었어도 말은 살아 돌계단을 오른다 자꾸만 춥다 삶이 추위에 떠는 일이었고 비로소 생이 끝나는 지점을 알 것도 같다 음악은 잠긴 녹우당 문을

두드린다

 이제 생의 백기를 들어야 할 때인가 열어 둔 유튜브에서 피가로의 결혼식이 열린다 도망갈 기회를 잃어버린 사자가 무섭게 낙타의 목을 물어뜯는다 까닭 없이 마음이 상하고 울음이 고인다 유리에 벤 몸이 가렵다 유리를 들어 말의 섶을 벤다 죽음 뒤에 남을 말을 벤다
―「말의 섶을 베다」 전문

 이 시의 화자는 해남 녹우당 돌계단에 앉아 로자리오 소나타를 듣고 있다. 바람이 불고 그로 인해 흔들리는 비자나무로 인해 소나타의 소리가 베어진다. 성모 마리아에게 바치는 저 경건한 음악과 녹우당 돌계단의 적요로움으로 인해 화자는 자신의 "허술했던 생을 돌이킨다". 그 생은 "권태롭고 현기증 일던 생"으로 감각되어 "동백 열매처럼 부서진다". 그것을 표현할 수 있는 말이 따로 있을까. 화자는 "흔적을 새기는 일의 무서움"을 '말'의 층위에서 사유한다. 언어는 기록의 형태로 삶을 구획할 수 있다. 그러나 그렇게 구획된 삶은 존재의 현존을 말해 주지 않는다. 언어로 재정립된 삶의 순간들은 사회적으로 강제된 방식으로 존재를 재단하기에 매 순간 수많은 선택과 그에 따른 행위 및 책임을 다한 시간의 총체성을 사유할 수 없다. 그로 인해 파편화된 존재는 온전한 자신을 마주하지 못한 채 결여된 양태로 "추위"를 감각하게 된다. 화자는 이를 "삶이 추

위에 떠는 일"이라 하며 "생이 끝나는 지점을 알 것"만 같은 일로 여긴다. 그 무엇으로도 실존의 증거를 찾지 못하기에 "이제 생의 백기를 들어야 할 때인가" 묻는 화자는 "까닭 없이 마음이 상하고 울음이 고"이는 정동에 휩싸인다.

화자가 느낀 정동은 「사랑, 말 없음에 대하여」의 숫양의 생과 교차한다. "아름다운 뿔"을 가지고 있으나 그것이 "진격의 나팔이 될 것이라는 운명은 알지 못"한 숫양은 자신의 존재가 도구화된 것이 슬프기만 하다. 신을 위한 신성의 도구로 존재의 쓸모를 찾는 일일지라도 존재를 죽음으로 내모는 일은 실존을 부정하는 착취에 불과하다. 존재에 의미를 부여하되 그 부여된 바에 부응하고 복무하도록 강제하는 것은 주체를 타자화하고 사물화하는 행위일 따름이다. "숫양은 다만 아름다운 뿔을 뽐내며 암양의 주위를 돌거나 모래바람을 일으키며 숫양과 한바탕 싸우거나 나무가 없는 초원 언덕에서 우아하게 달을 쳐다보며 살고 싶었을 뿐이다". 자신에게 주어진 평범한 삶의 방식을 욕망하며 그에 합당한 삶을 살고자 하는 숫양을 부정하는 저 신성의 추구는 기실 존재를 끊임없이 착취하는 부조리한 세계의 반영태일 뿐이라서 시인은 이를 거부하는 숫양으로 하여금 "뿔을 쪼개고 애간장을 흘러내리게" 한다. 죽음에 저항하기 위해 죽음을 선택하고 이에 책임을 져 존재의 의미를 모색게 하는 저 거부의 실천은 "녹우당 은행나무 돌계단에 앉아" "생의 백기를 들어야 할 때"를 사유하는 존재에게 "유리"의 날카로움으로 다가온다. 그것에 벤 몸으로 화자는 도발적 행위를 도모한다. "유리를 들어 말의 섶을", "죽음 뒤에 남을 말을" 베는 것이다. 이는 그 어떤 헛된 욕망도 거부하고 스스로를 지워 냄으로써 타자화되지 않겠다는 의지의 발현이자 실존을 증거하는 능동적 수행이 된다.

나는 사랑한다 그리하여 존재한다

숫양이 수행한 죽음은 역설적으로 "죽음에 저항하며 살아남는 방식"으로서의 사랑에 가닿는다(「손아귀에 담긴 일종의 구토증」). "진격의 나팔"이 되어 타자의 죽음을 야기하는 존재로 전락하지 않기 위한 저 숫양의 행위는(「사랑, 말 없음에 대하여」) "너를 사랑하는 너는 너만 바라볼 뿐"인 소통 부재의 세계에 사랑의 새로운 가능성을 선사한다(「손아귀에 담긴 일종의 구토증」). 그것은 우리에게 익숙한 방식의 삶으로부터 한 발 벗어나 이전과는 다른 경험을 통해 실존의 감각을 발현시킴으로써 현존을 자각게 한다. 그러나 알다시피 이는 쉬운 일이 아니다.

그때 시작된 사랑은 한생을 두고 언저리를 떠돌았다 묵직한 돌이 머리 위에 얹히고 비낀 걸음이 생을 횡단하는 동안 씨줄과 날줄로 교직된 사랑이 엉켜 들었다 가끔씩 얹히던 멀미가 잦아지면서 생을 휘몰아가는 동안 천천히 구토가 시작되었다 사랑은 삶이 아니라 죽음의 서막이라는 것을 알게 될 즈음에 날렵하게 물 위를 날아가는 돌이 나를 강타한 것도 그 무렵이었다 관계의 씨줄이 날줄과 엉켜 뒹굴었다 사랑의 기억이 거대한 돌로 가라앉았고 구토가 잦아졌다 바다를 흔드는 것은 바람이 아니라 그대의 사랑이었고 수천 년을 이어 온 고독이었다

—「여우도 굴이 있고 새도 둥지가 있는데」 부분

천영애 시인은 사르트르의 『구토』를 인용하며 자갈을 던지려는 순간 인식된 타자의 존재로 말미암은 구토로부터 이 시를 시작한다. '타인은 지옥'이라는 사르트르의 또 다른 언술이 상기하듯, 우리는 타자와의 관계 속에서 자신을 규정하기에 끊임없이 타자를 의식할 수밖에 없다. 그러나 이는 부조리함이 아니다. "한생을 두고 언저리를 떠"도는 존재의 "비낀 걸음이 생을 횡단하는 동안 씨줄과 날줄로 교직된 사랑"은 언제나 타자와의 관계 속에서 의미를 획득하기 때문이다. "사랑은 삶이 아니라 죽음의 서막이라는 것"은 관계를 어떻게 정의할 수 있느냐에 따라 맥락화되는 것이지 그 자체로 존재를 즉자(卽自, en-soi)의 양태로 고착화하지 않는다. 그렇기에 "날렵하게 물 위를 날아가는 돌이 나를 강타"하는 것은 존재를 무너뜨리는 폭력적 행위가 아니라 "관계의 씨줄이 날줄과 엉켜 뒹굴었"던 "사랑의 기억"을 상기시키는 자극으로 기능한다. 물론 타자와 맺는 사랑으로서의 관계가 "바다를 흔드는 것"과 같이 거대한 변화를 야기하면서도 "수천 년을 이어 온 고독"으로 존재를 잠

식할 수 있겠지만, 그것이 존재의 고립을 불러오는 것은 아니다. 다만 "여우도 굴이 있고 새도 둥지가 있는데 사랑에는 안식처가 없"다는 사실과 그 집요한 수행성으로 인해 어디에도 정착할 수 없다는 "불가항력의 슬픔"은(「선재미술관의 마그리트」) "부박한 짐승"인 존재의 삶을 표류하게 할 수도 있겠으나(「셰이커 춤을 추는 날이면 우리도 뜨거워지리라」) "존재했던 것을 존재하는 것을 존재하게 될 것을" 부정하지는 못할 것이다(「그리고 나는 가네」).

  당신을 기다리느라 한생이 지나갔다 내 집의 모든 부드럽고 둥근 창들은 당신에게로 향해 있으니 사랑한다는 것은 결국 기다리는 것이다 당신은 때마다 달라지는 자오선의 시간을 달리고 낯선 시간의 발자국이 계단을 삐걱인다 나는 당신에게로 끝없이 회귀하고 그리하여 내 몸의 지도는 희미해지고 언젠가는 사라질 것이다

―「사랑의 구조에 관하여」 부분

  고개를 들어 달을 쳐다보고 고개를 숙이니 그대 생각이 난다 그대로 인해 비로소 고적한 세상이 열렸다 서럽고 다정한 푸른 각적 소리가 잠을 흘리는 밤이면 세상의 적막이 내려앉고 믿을 수 없는 외로움이 달에 스몄다 그대가 있는 곳에 왜 나는 없는지 물결무늬 속삭임 같은 각적 소리를 들으며 그대를 기다리느라 한생이 흘렀다 섦은 나날이었다

―「사랑한다 그리하여 존재한다」 부분

사랑은 타자와의 관계를 통해 의미를 지닌다. 비록 그것이 "죽음의 서막"으로 생각되더라도 이를 부정하기보다는 생의 당위로 긍정하는 편이 삶의 지향이란 측면에서 옳은 인식일 것이다. 결국 타자와 맺는 관계는 황폐하기만 한 삶 속에서도 희망을 놓지 않고 사랑이라는 정동에 의한 "환대의 의식이 다리를 놓"는 일일 테니 말이다(「그대의 풍경 소리」). 천영애 시인은 이러한 "사랑의 구조에 관하여" 언급하면서 "사랑한다는 것은 결국 기다리는 것"이라고 말한다. 사랑은 존재의 모든 부분이 "당신에게로 향해 있"는 것이자 "당신에게로 끝없이 회귀하고 그리하여 내 몸의 지도"까지 "희미해지고 언젠가는 사라질 것"을 각오하는 일이다. 그러나 우리는 안다, "당신이라는 중력에 잡혀 평생 주위를 돌지만 가까이 가지 못"하는 것을. 타자와의 완전한 합일은 불가능하다. 그것은 타자를 그 자체로 환대하는 것이 아니라 '나'의 욕망에 타자를 기입하는 것일 따름이기 때문이다. 그렇기에 사랑은 "서럽고 다정한" 것일 테다.

"그대가 있는 곳에 왜 나는 없는지" 묻는 시인은 "그대를 기다리느라 한생이 흘렀"고 그것이 "섧은 나날이었다"고 한다. 위에서 언급했다시피 타자와 관계를 맺는다는 것은 완전한 합일에 이르고자 함이 아니다. 오히려 사랑의 상투적 의장을 거부하고 불가해한 타자성을 체현함으로써 "사랑의 비루함"을 감각하는 데로 나아가고자 함에 가깝다. 『사랑 예찬』에서 언급한 바디우의 표현을 빌려 말하자면 사랑은 둘이 하나가 되는 것이 아니라 둘이 등장하는 무대가 지속되는 것이다. 따라서 "그대가 있는 곳에 왜 나는 없는지"라는 물음은 불가능한 사랑을 증언하는 것이 아니라 타자와의 관계 맺기의 어려움과 사랑이 지닌 보편적 불가능성에의 난감 속에서도 "한생"을 흘려 버릴 각오를 다지는 실존의 추구에 가닿는다. 그리하여 시인은 자유의지로 기다림을 선택함으로써 "나는 사랑한다 그리하여 존재한다"는 확신의 언술을 표명할 수 있는 것이다. 그리고 이 확신은 「일미진중함시방(一微塵中含十方)」에서 외부의 그 어떤 폭력적 간섭에도 "가만가만 기척도 없이 바위를 파먹고 결딴내어 흙으로 만들어 버"리는 "지의류의 아름다운 포자낭"의 고요한 실천으로 형상화되어 우리에게 전해진다.

치명적 통점에의 자각

천영애 시인은 이러한 실존을 향한 사랑의 실천을 마냥 아름답고 강한 것으로 형상화하지는 않는다. 오히려 치명적 통점으로 작용할 수도 있다는 점을 간과하지 않음으로써 "절박한 환대 늙은 환멸"의 부정성을 함께 포착한다(「절박한 환대 늙은 환멸」).

참나무 이파리에서 이리저리 노숙하는 벌레의 치명적 통점은 뭐니 뭐니 해도 날개의 뼈를 잘라 버리는 일이다 벌레의 긴 생애는 날개를 위한 것이므로 한생이 무너져 내리는 일은 즉사의 쾌감에 버금간다 거울이 깨어지는 통증에 재갈을 물린 것은 그대의 사랑이었다 침묵이 깊어지는 것을 사랑이 깊어지는 것이라고 착각했다 아직 뜨지 못한 눈에 환한 꽃이 피어나고 먼 시냇가에서 물 흐르는 소리를 들은 것은 비가 막 그친 날의 오후였다 주황얼룩무늬밤나방의 성충이 몸을 기어올라 살점을 뜯어먹는 것을 몰랐던 것도 사랑에 마비된 몸 때문이었다 정맥을 잘라 즉사의 기쁨을 누리지 못한 것은 여름날의 지루한 습기 때문이었을 거다

슬프다
나방의 꿈을 이루지 못한 벌레가 지루한 여름을 견디며 등에 삼각형의 양각을 새기듯 나의 사랑도 절치부심 갈색의 음각을 새긴다 나의 치명적 통점은 박명을 벗겨 내지 못한 무감에 있나니
—「주황얼룩무늬밤나방의 치명적 통점」 부분

참나무를 먹이식물로 삼는 주황얼룩무늬밤나방 애벌레를 향한 시인의 응시는 폭력적이다. 시인은 "벌레의 치명적 통점"이 "날개의 뼈를 잘라 버리는 일"에서 비롯한다고 말한다. 성충이 되기 위한 "벌레의 긴 생애"를 가볍게 무너뜨리는 일은 어렵지 않을 것이다. 하지만 그것이 즉사가 아닌 "날개의 뼈를 잘라 버리는 일"이라는 점은 존재가 축적해 온 시간을 삭제하고 미래를 앗는다는 점에서 그 무엇보다 참혹한 폭력으로 상상된다. 물론 이러한 폭력은 시

인이 주황얼룩무늬밤나방 애벌레에게 가하는 것이 아님을 쉽게 읽어 낼 수 있다. 기실 시인이 애벌레에 투사한 것은 그 어떤 미래도 꿈꿀 수 없다는 절박한 존재의 고통이다. 그 연장에서 "거울이 깨어지는 통증"은 벌레에 투사된 절망의 표상이 된다. 시인은 그러한 "통증에 재갈을 물린 것"을 "그대의 사랑" 때문이라고 한다. 이때의 "재갈"은 고통을 견디게 하는 수단이면서 고통에서 벗어날 수 없게 하는 제약이기도 하다. "재갈"로 인해 "침묵이 깊어지는 것을 사랑이 깊어지는 것이라고 착각"하는 존재는 사랑의 침묵을 기꺼이 수용하는 것처럼 보이지만, 그것은 "사랑에 마비된" 것에 불과하다.

무엇이 존재에게 "이만하면 견딜 만하다"고(「통점이 없는 뇌의 통증」) 스스로를 기만하며 사랑에 맹목적 복무를 하게 하는 것일까. 시인은 "나방의 꿈을 이루지 못한 벌레"처럼 "나의 사랑도 절치부심 갈색의 음각을 새"기며 자신의 "치명적 통점은 박명을 벗겨 내지 못한 무감에 있"다고 한다. 이를 바탕으로 생각해 볼 수 있겠다. 앞에서 언급했다시피 천영애 시인이 응시하는 사랑의 양태는 불가해한 타자를 체현함으로써 둘이 등장하는 무대를 지속하는 데에 있다. 그것이 "나는 사랑한다 그리하여 존재한다"는 진술을 가능케 한다. 이때의 사랑은 합일에의 욕망이 아닌 타자를 있는 그대로 인정하고 그와의 관계 속에서 자신을 재정립하려는 의지에 가깝다. 그러나 우리는 이를 간과하고 자꾸만 타자를 주체의 자리로 강제하려 든다. 이와 같은 어리석은

"박명을 벗겨 내지 못한 무감"이야말로 존재의 치명적 통점이 되어 그 어떤 미래도 꿈꿀 수 없게 하는 것이다. 천영애 시인은 이를 "날개의 뼈를 잘라 버리는 일"에 빗대어 잔혹한 진실 앞에 우리를 옮겨 놓는다. 그 앞에서 우리는 "나는 어디에 속할까" 묻지 않을 수 없다. 그 물음 속에서 우리는 우리가 "마음을 잃고 얼어 버린 들판을 바라보는 사람"인지 "어깨에 기대어 지는 노을을 함께 바라보고 싶은 사람"인지 생각해 볼 필요가 있다.(「가만히 바라보는 것」)

    언제까지 살아 있을지 모릅니다 좀 더 오래면 좋겠지만 지금까지라도 탓할 일은 아닙니다 시간은 그때도 지금이었고 내일도 지금일 것입니다 함께 비라도 기다리면 좋겠지만 아니어도 괜찮습니다 황지 물이 낙동강까지 흘러드니 발이라도 씻자고 부추겼지요 그때 황지 물이 이제 낙동강에 닿았는지 강물은 흐리고 뜨겁습니다 검은 슬레트 지붕 사이로 너풀너풀 날리던 빨래 속에는 수의가 있었던 듯도 합니다 그리로 오래 눈길을 주던 그대를 끌고 내연의 언어를 속삭였습니다

    하필 태백이었을까요
—「태백에서」 부분

한 시절 탄광으로 부흥을 이루었던, 그러나 노동자의 고된 삶이 배면에 깔려 있던 태백에서 화자는 "섣부른 여행자"로서의 삶을 되짚는다. "언제까지 살아 있을지 모"르지

만, 중요한 것은 "시간은 그때도 지금이었고 내일도 지금일 것"이라는 점을 인식한다. 낙동강의 발원지라고 알려진 황지연못의 물에 발을 씻으면 그 물이 낙동강에 닿아 지나온 시간을 "흐리고 뜨겁"게 만들 것이라고 생각하는 화자는 "검은 슬레트 지붕 사이로 너풀너풀 날리던 빨래 속"에 "수의가 있었던 듯"하다고 느낀다. 과거와 현재, 미래가 교차하는 순간에의 감각은 헤아릴 수 없이 무한히 공허한 세계인 "무량공처"로서의 삶을 살아가는 존재의 영속을 어루만진다(「무량공처」).

왜 "하필 태백이었을까" 묻는 물음에 어떻게 대꾸할 수 있을까. 어쩌면 "사막으로 가는 아름다운 길을 잊어버린 죄"로 "사는 일은 환청과도 같아 실수처럼 오래 살았다"는 응답을 해 볼 수도 있지 않을까(「사막으로 가는 길」). "영원에 깃든 끔찍함과 열락의 지겨움이 고통이라는 불온한 상상과 말씀의 끝자락으로 떠"도는 삶은 그 어떤 본질을 지녔다 한들 환청과도 같은 실수처럼 여겨질 때도 있기에 '지금'의 시원을 향해 거슬러 사유하는 것이 중요한 일일 수도 있다(「고작」). 까닭에 화자는 "종말은 절정의 순간에 예비되어 있듯이"(「점무늬병에 대한 변명」) "그렇고 그런 사소한 삶은 한 번으로 족"한 것임을 깨달을 수 있는 것일 테다. 그리고 그 안에서 "가야 할 날이 가까워지는 기대"로 이후를 예비하는 일이야말로 황지 물이 낙동강에 가닿는 것과 다르지 않을 것임을 받아들인다.(「무제」)

물론 이를 사랑이라고 이야기할 수는 없는 노릇이다. 그러나 천영애 시인의 이러한 사유는 "오래 눈길을 주던 그대를 끌고 내연의 언어"로 발화되는 것이자 "그대의 몸에 검은 점이 퍼지는 것을 몰랐던" "그 무감이 슬퍼 떨어진 이파리와의 접합을 꿈꾸는 것"이기도 하다(「점무늬병에 대한 변명」). 이는 "창문을 잃어버린 방에서 지구의 늑골을 파헤치며 땅속으로 깊이 내려"가는 고통에 자신을 내어놓는 자기 파괴적 수행의 연장에서 사랑의 또 다른 층위를 생각게 한다(「미간을 찡그리다」). 어쩌면 하이데거가 『존재와 시간』에서 죽음을 향한 존재를 앞질러 달려가 보는 결단성만이 본래적 실존으로 데려온다고 말한 것처럼 부정의 극단에서 그것을 넘어서는 긍정을 발견하고자 하는 노력인지도 모른다. 그리하여 시인은 "바람꽃을 닮은 흰 연두의 마음이 돌아오는 기일을 반긴다"고까지 이야기할 수 있는 것일 테다(「무제」). 그리고 이야말로 현존재를 둘러싼 비본래적 실존을 본래적 실존으로 전환하기 위한 천영애 시인의 고유함이라 할 수 있을 것이다.

우리는 언제나 늦습니다, 그러나

톱밥 안에서 버둥거리는 게들이 사각사각 제 발톱을 갈아먹는다 서로의 다리를 잘라 버리고 눈알을 파내며 사그락사그락

맞지 않는 주파수를 통해 간장을 끓이고 식히는 동안 여전

히 다리를 자르고 눈알을 파는 게들 중요한 건 몸통이지 통통
한 살과 꽉 찬 알과 그리고 살아 있는

  사그락사그락 가방을 메고 학교로 간 아이 떨어지려는 다
리를 붙잡고 일터로 나간 아빠 어젯밤 나는 얼굴 푸르던 불안
을 반성하며 어둠을 달렸다 죄는 늘 있고 그늘로부터의 죄 사
함도 늘 있고 배신도 늘 있다 은밀한 죄를 사하기 위해 간장
을 끓인다 통렬한 반성은 한 번이면 족하다 파 버린 눈알과
잘려 버린 다리 사이로 사그락사그락 노래가 울린다
―「사그락거리다」 전문

  간장게장을 만들고 있는 화자는 "톱밥 안에서 버둥거리는 게"가 "제 발톱을 갉아 먹"고 "서로의 다리를 잘라 버리고 눈알을 파내"는 참혹을 마주한다. 게의 신선한 유통을 위해 톱밥에 보관하는 일은 게의 생존 환경에 유의미한 일이겠으나 그것은 인간의 관점에 불과하다. 톱밥 안에 갇힌 게는 자기를 파괴하며 삶을 버텨 내지만, 인간에게 "중요한 건 몸통" 속 "통통한 살과 꽉 찬 알" 그리고 게가 "살아 있"다는 사실일 따름이다. 존재를 타자화·물신화하는 저 차가운 인식은 고통의 세계를 횡단하며 동시대적 사회문제로 확장된다. 치열한 경쟁 사회에 안정적으로 진입하기 위해 "가방을 메고 학교로 간 아이"는 물론이거니와 "떨어지려는 다리를 붙잡고 일터로 나"가야만 하는 "아빠"의 모습은 신자유주의적 자본주의라는 시스템의 억압성과 폭력성을

압축적으로 드러낸다. 별거 아닌 것처럼 보이는 저 일상적 행위는 간장게장을 만드는 화자의 행위와 맞물려 구조적 문제를 내파하는 장치로 보인다.

"죄는 늘 있고 그늘로부터의 죄 사함도 늘 있고 배신도 늘 있"는 이 세계는 그곳을 살아가는 이들에게 분명한 고통으로 작용한다. 죄와 죄 사함이라는 갈등의 봉합은 그 모든 걸 붕괴시키는 시스템의 배신으로 인해 "파 버린 눈알과 잘려 버린 다리"를 구원할 수 없다. 이를 과장된 실제로 여길 수 없는 것은 실존을 넘어 생존조차 어려운 "어긋나 버린 삶"이 우리 주변에 차고 넘치기 때문이다(「최후를 견디는 법」). 천영애 시인은 그에 대한 알레고리처럼 「얼음경」에서 "한 끼의 식사에서 한 그릇의 밥이 줄었다 살아남은 자는 여유가 생겼다"는 구절로 이를 단적으로 가시화한다. "섧고 적막한 얼음 땅"에서 "궁극의 죽음이며 극지의 삶"을(「얼음경」) 살아가는 우리는 톱밥에 둘러싸여 "제 발톱을 갉아 먹"고 "서로의 다리를 잘라 버리고 눈알을 파내"고 있는 것인지도 모른다. 저 자기 파괴적 폭력의 양태만이 어쩌면 우리를 희생자의 자리에서 벗어날 수 있게 하는 역설적 수행인지도 모른다. "나는 너의 상처였고 너는 나의 허기"일 수밖에 없는 관계 속에서 우리가 무엇을 더 꿈꿀 수 있는 것일까(「귀래」).

천영애 시인은 「우물과 동굴은 같은가 다른가」에서 한국 전쟁 당시 대한민국 군경에 의한 민간인 학살 사건인 경산 코발트 광산의 기록을 전유하여 희생자를 애도하는 한편 죽음을 통해 하루하루를 살아 내는 우리의 황폐한 실존을 톺는다. 시인은 "죽음 앞에 서야 하는 비장함과 체념과 슬픔과 무릎뼈가 무너져 내리는 적막을/결코 우물 밖으로 나갈 수 없을 거라는 갈비뼈가 일러 주는 두려움을" 통해 이념과 세계의 폭력에 희생된 이들의 비극을 지금 우리의 삶 위에 낯설게 겹쳐 놓으면서 "헤아릴 수 없는 슬픔은 아무리 해도 부서지지 않는다"는 점을 부려놓는다(「울음 우는 것들에게 묻는다」). 우리는 그 앞에서 어떤 선택을 할 수 있을까. 로캉탱의 구토가 존재의 실존을 고민하게 한 것처럼 천영애 시인이 응시하는 타자의 죽음은 실존적 위기를 어떻게 타개해 나갈 수 있는지 고민하게 한다.

  자기 삶의 기율을 스스로 선택하고 정할 수 있는 주체적 삶이란 가능한가. 이 물음에 천영애 시인의 『말의 섶을 베다』는 섣불리 대답하려 들지 않는다. 다만 익숙한 삶의 방식이 지닌 "노회한 시간"에 "명치를 후려"치듯 치명적 통점을 짚어 부조리함을 깨닫게 한다(「귀래」). 그로부터 삶을 어떻게 변화시키고 다른 가능성으로 채울 수 있을지는 우리가 맺는 타자와의 관계와 그 안에서 무수히 수행하게 될 선택에 달려 있을 것이다.